CALENDARIO

2024

Una herramienta para docentes de inglés

CREADO POR:
LYNN RICHARDSON

ISBN: 978-1-963068-17-7 (sc)

12

ACTIVIDADES DE APRENDIZAJE PARA CADA MES
ARTE / INGLÉS

CONTENIDO

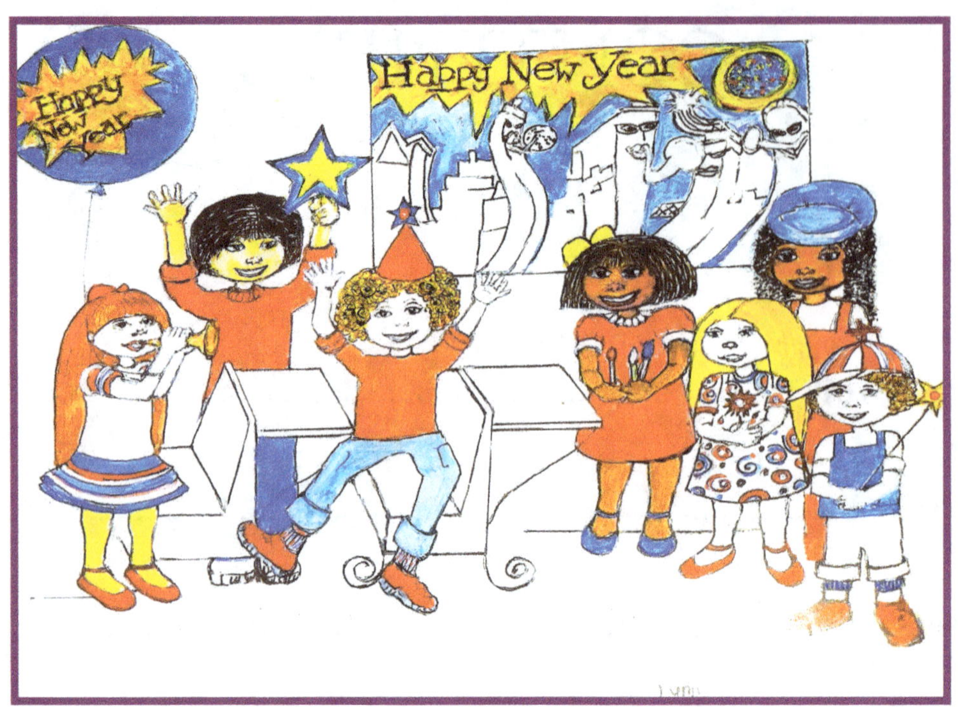

ENERO

CELEBRANDO EL 2024 ALREDEDOR DEL MUNDO

Los estudiantes compartirán cómo cada uno de ellos celebró u observó el Año Nuevo 2024.

Explorarán cómo se llevan a cabo las celebraciones de Año Nuevo en todo el mundo y presentarán sus hallazgos a través de presentaciones orales y visuales (dibujos).

National Geographic Kids es un sitio web que ofrece un breve resumen de cómo se celebra el Año Nuevo en diferentes países, junto con algunos hechos históricos y datos importantes.

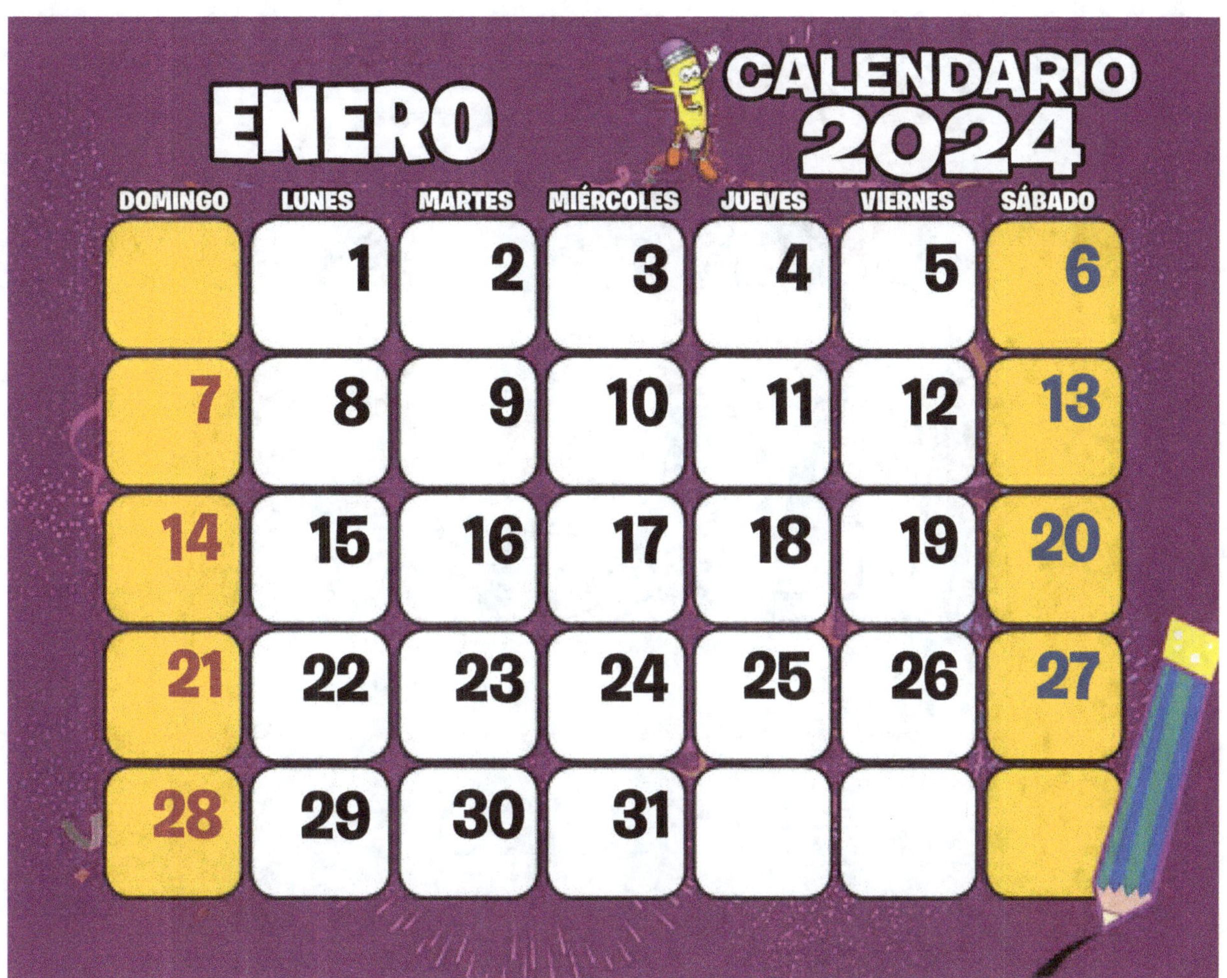

ENERO
CALENDARIO 2024
DOMINGO
LUNES
MARTES
MIÉRCOLES
JUEVES
VIERNES
SÁBADO
1 2 3 4 5 6
7 8 9 10 11 12 13
14 15 16 17 18 19 20
21 22 23 24 25 26 27
28 29 30 31

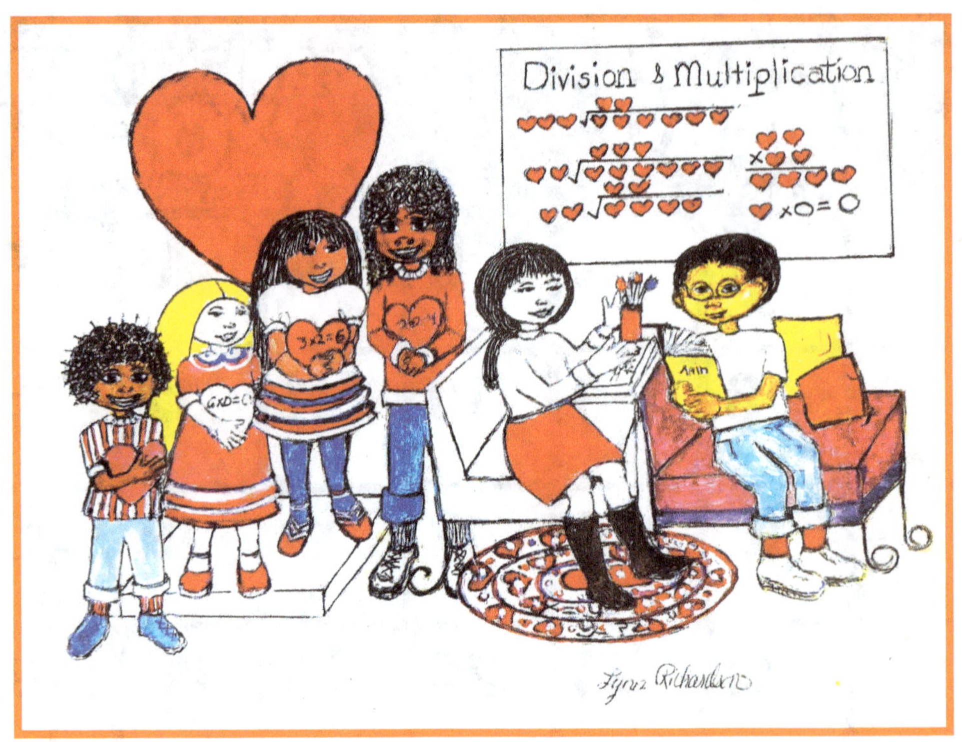

FEBRERO

DISEÑOS DE GUNG HAY FAT CHOY

Los estudiantes aprenden que febrero es el mes del amor y también el mes del Gung Hay Fat Choy. Gung Hay Fat Choy es una fiesta especial que celebran los asiáticos de todo el mundo. Kids-World-Travel-Guide.com es un sitio web que incluye información sobre las tradiciones y celebraciones del Año Nuevo chino, como la danza del dragón, la danza del león, el intercambio de regalos, los fuegos artificiales y mucho más. Este año será el Año del Dragón y se celebrará el 10 de febrero de 2024. Los estudiantes investigarán y crearán linternas, dragones y otros símbolos que representan el Año Nuevo Chino.

En National Geographic Kids se pueden consultar artículos informativos y detallados sobre la historia del Día de San Valentín, los cuales son muy apropiados para niños de primaria. Los estudiantes pueden utilizar sus propios corazones de San Valentín recortados como material didáctico para resolver problemas de división y multiplicación, también pueden crear sus propias tarjetas de San Valentín y así celebrar una magnífica fiesta de San Valentín después del colegio.

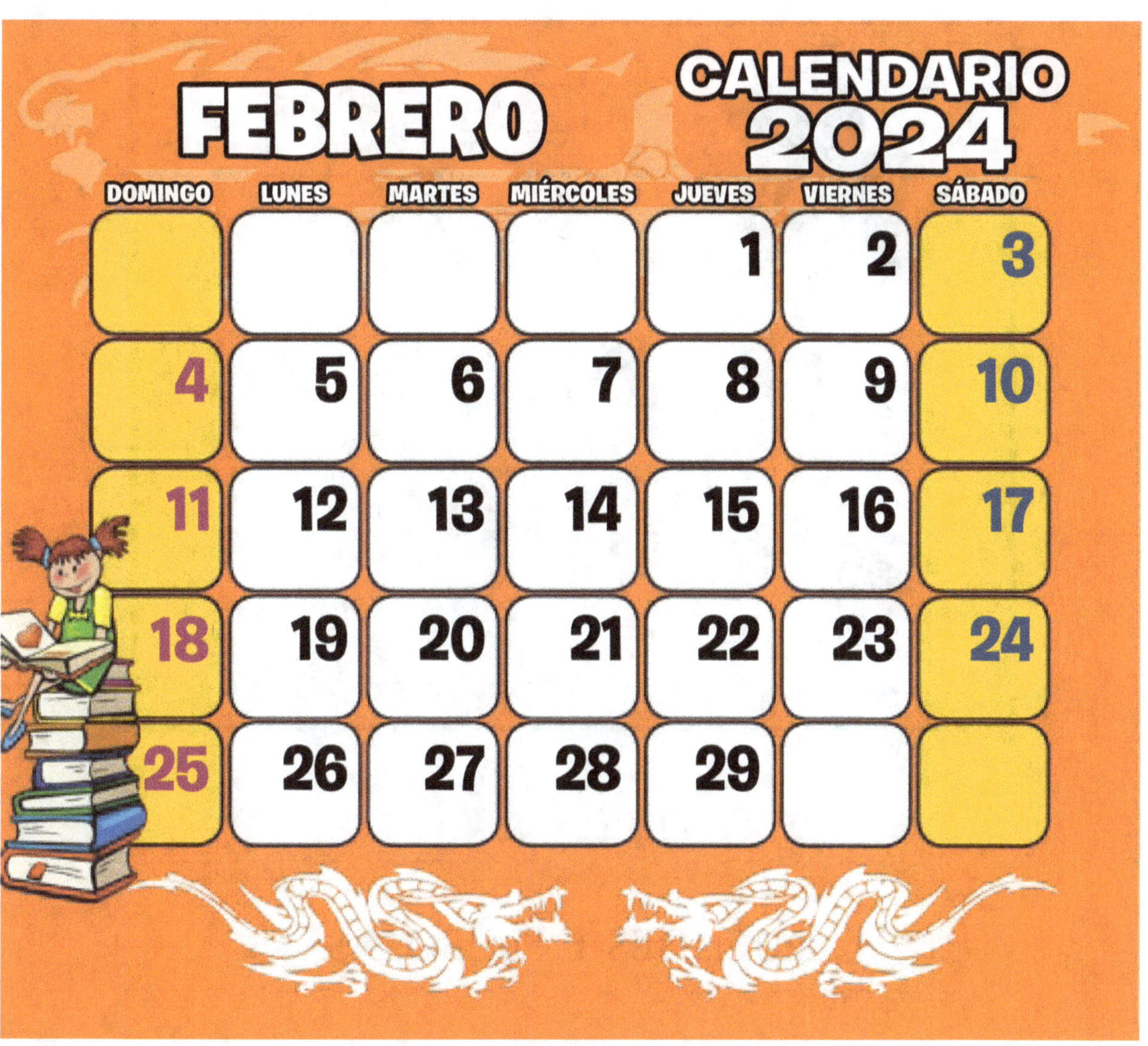

FEBRERO
CALENDARIO 2024
DOMINGO LUNES MARTES MIÉRCOLES JUEVES VIERNES SÁBADO
1 2 3
4 5 6 7 8 9 10
11 12 13 14 15 16 17
18 19 20 21 22 23 24
25 26 27 28 29

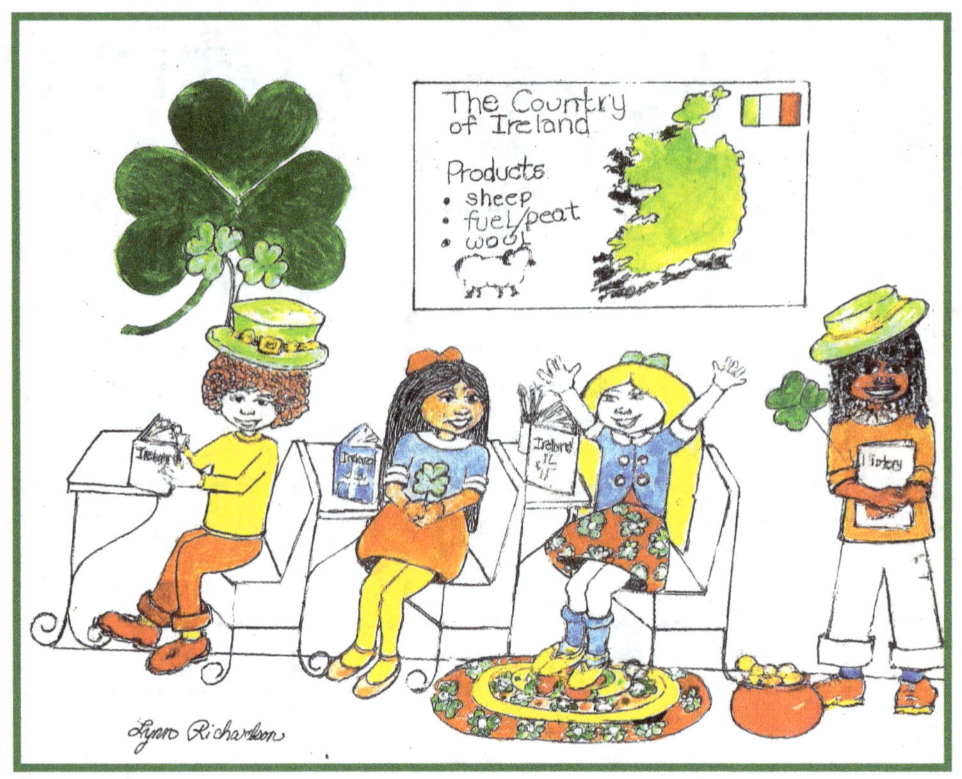

MARZO

DUENDES Y TRÉBOLES

Clutter-Free-Classroom es un gran sitio web que ofrece recursos adaptados para el nivel de escuela primaria y en el cual se enseña sobre celebraciones y fiestas, como el Día de San Patricio, el Mes de la Historia de la Mujer, Lectura a través de América y otras más. Algunas actividades artísticas y de lectura que los alumnos pueden elegir incluye material de lectura sobre Irlanda, duendes y tréboles.

Después de que el docente haya llevado a la clase a visitar la biblioteca, los estudiantes pueden elegir libros relacionados y escribir párrafos cortos contando su historia favorita. En un trabajo de arte, los estudiantes pueden crear sus propios diseños trazando y dibujando patrones de trébol que se pueden cortar y pegar debajo de sus párrafos escritos.

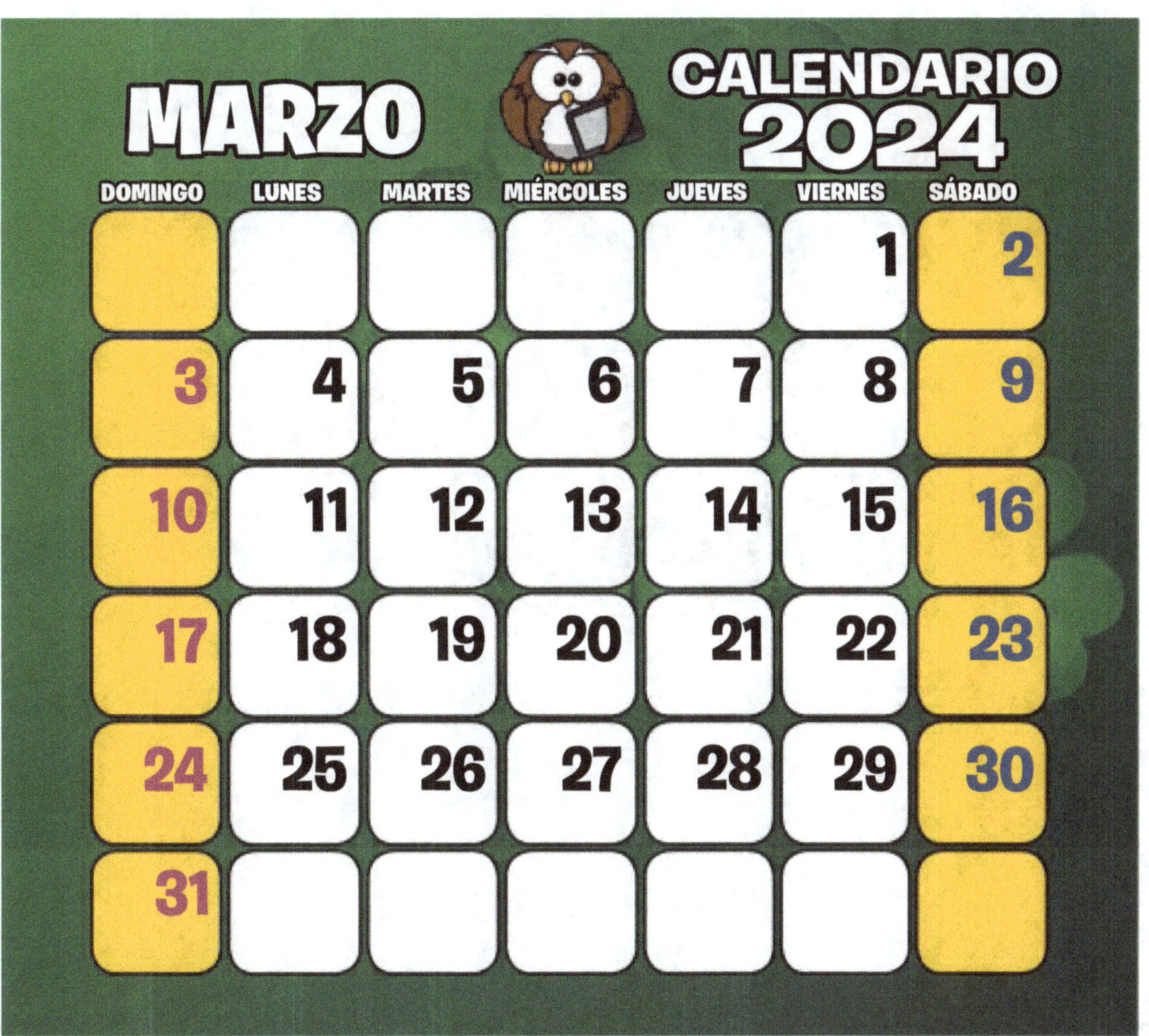

MARZO
CALENDARIO 2024
DOMINGO
LUNES
MARTES
MIÉRCOLES
JUEVES
VIERNES
SÁBADO
1
2
3
4
5
6
7
8
9
10
11
12
13
14
15
16
17
18
19
20
21
22
23
24
25
26
27
28
29
30
31

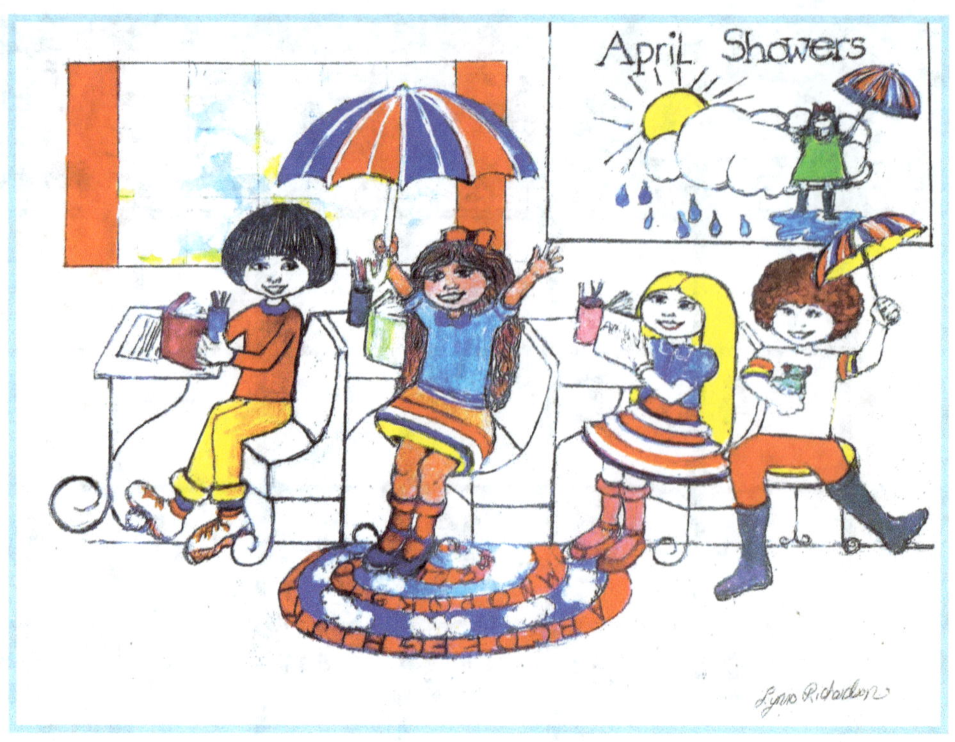

ABRIL

MI NUBE FAVORITA

Elementaryschools.science.com es un sitio web que ofrece una actividad titulada Nube 9. El plan de lección para Nube 9 enseña a los estudiantes los diferentes tipos de nubes, cómo se forman y describe las características de cada tipo de nube. Después de que la clase investigue este material, los estudiantes pueden elegir su nube favorita, escribir una breve composición sobre por qué eligieron su nube favorita y describir las características de su nube. Tras un debate en clase, los alumnos pueden dibujar, pintar o utilizar bolas de algodón como actividad artística para exponer sus creaciones de nubes favoritas. Para concluir esta actividad de aprendizaje, los estudiantes colocan sus creaciones artísticas de nubes debajo de sus composiciones escritas.

ABRIL

CALENDARIO 2024

DOMINGO	LUNES	MARTES	MIÉRCOLES	JUEVES	VIERNES	SÁBADO
	1	2	3	4	5	6
7	8	9	10	11	12	13
14	15	16	17	18	19	20
21	22	23	24	25	26	27
28	29	30	31			

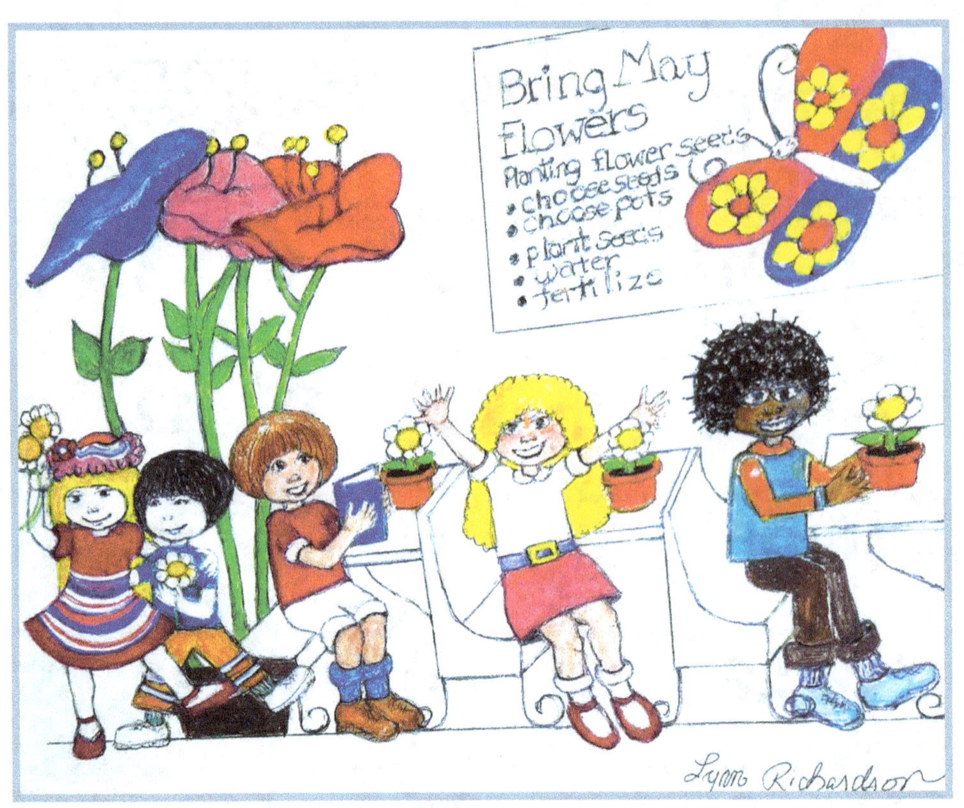

MAYO

LLEGAN LAS FLORES

We Are Teachers es un sitio web que ha recopilado una lista de 18 ideas, lecciones, consejos y trucos sobre jardinería para aplicar en el aula, que pueden ayudar a los docentes a enseñar a sus estudiantes acerca de la vida de las plantas, sus ciclos, la botánica y los ecosistemas. También hay documentos imprimibles sobre las partes de las plantas, gráficos de referencia y vídeos sobre los ciclos de vida de las plantas. El docente repartirá hojas con información sobre las flores y animará a sus estudiantes a dibujar las partes de una flor y a etiquetarlas. Después, se puede organizar a los estudiantes para que participen en conversaciones en clase sobre las flores y cada una de sus partes. El docente modelará actividades sobre cómo sembrar semillas para que cada estudiante sepa cómo plantar sus semillas de flores y verlas ¡crecer, crecer, crecer! De esta manera, los estudiantes podrán llevar sus plantas a sus casas para poder plantarlas en su propio jardín.

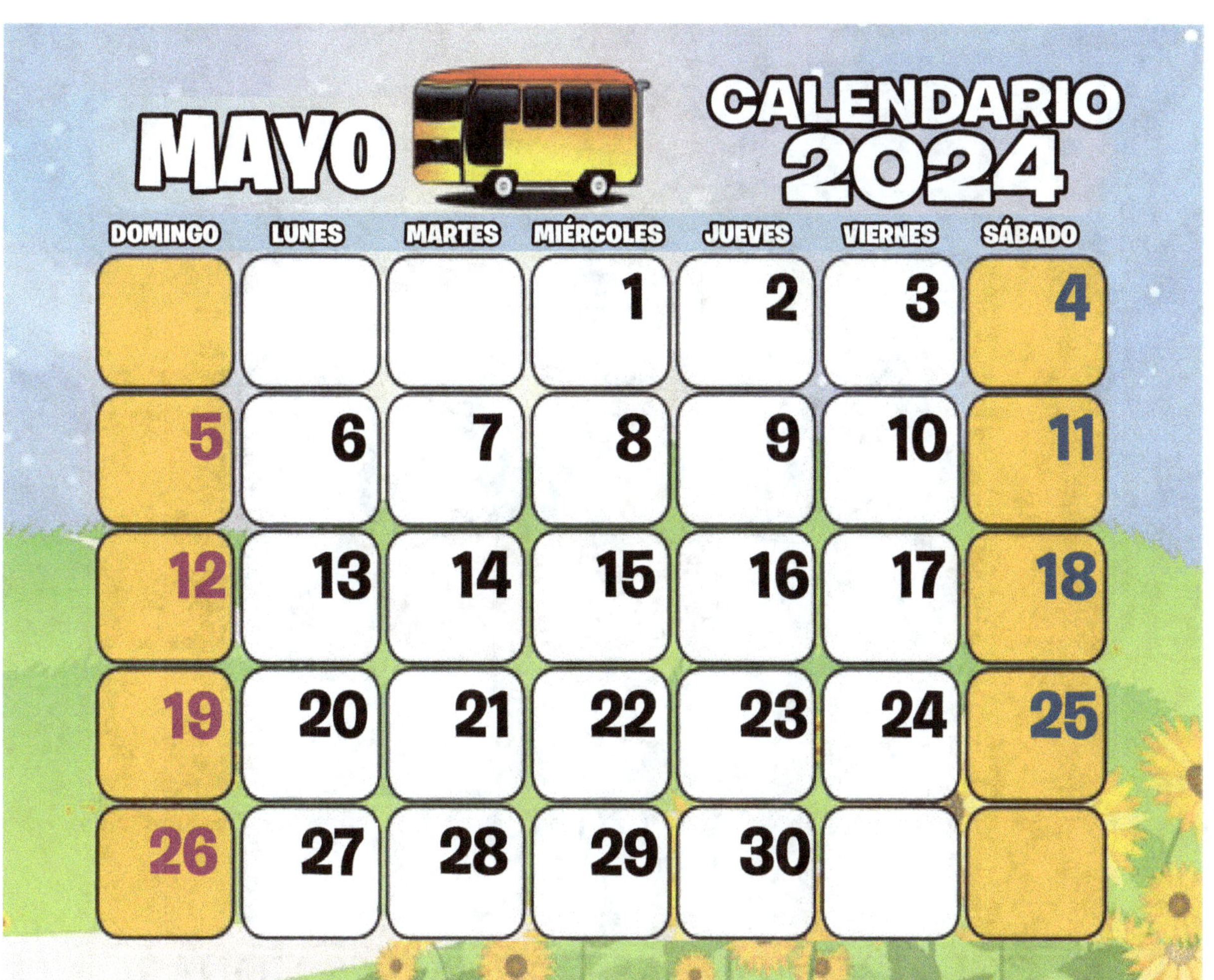

MAYO
CALENDARIO 2024
DOMINGO LUNES MARTES MIÉRCOLES JUEVES VIERNES SÁBADO
1 2 3 4
5 6 7 8 9 10 11
12 13 14 15 16 17 18
19 20 21 22 23 24 25
26 27 28 29 30

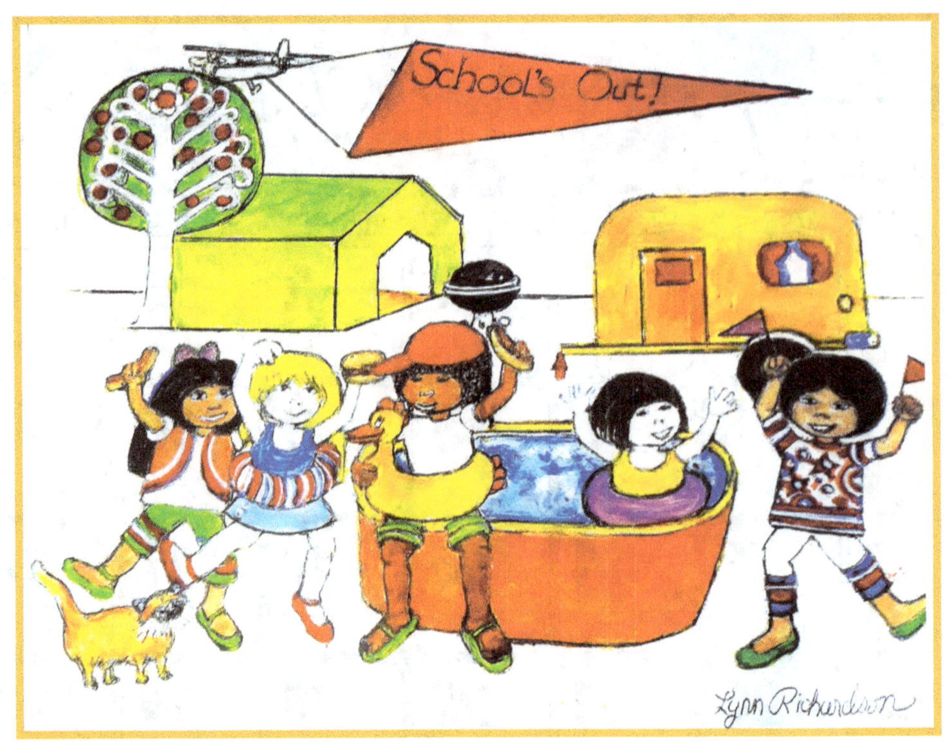

JUNIO

LA MIGRACIÓN DE LAS MARIPOSAS MONARCA

KidWorldCitizen es un sitio web que ofrece a docentes y estudiantes una variedad de libros, vídeos y otros recursos que se pueden utilizar para enseñar y aprender acerca de la migración de la mariposa Monarca. Este sitio web contiene información valiosa sobre cómo cultivar una huerta escolar que atraiga a las mariposas Monarca. Para promover el aprendizaje continuo durante las vacaciones de verano, el docente invita a los estudiantes a visitar su biblioteca pública para participar en programas de lectura.

Para motivar la lectura sobre este tema, los estudiantes pueden acceder a https://cuentame.inegi.org.mx/sabiasque/mariposas.aspx?tema=S Esto inspirará a los estudiantes a obtener información sobre la migración de la mariposa monarca y les ayudará a crear hermosos dibujos y pinturas de mariposas. Los docentes pueden organizar una exposición pública de las obras de sus estudiantes para motivar y apoyar su trabajo artístico.

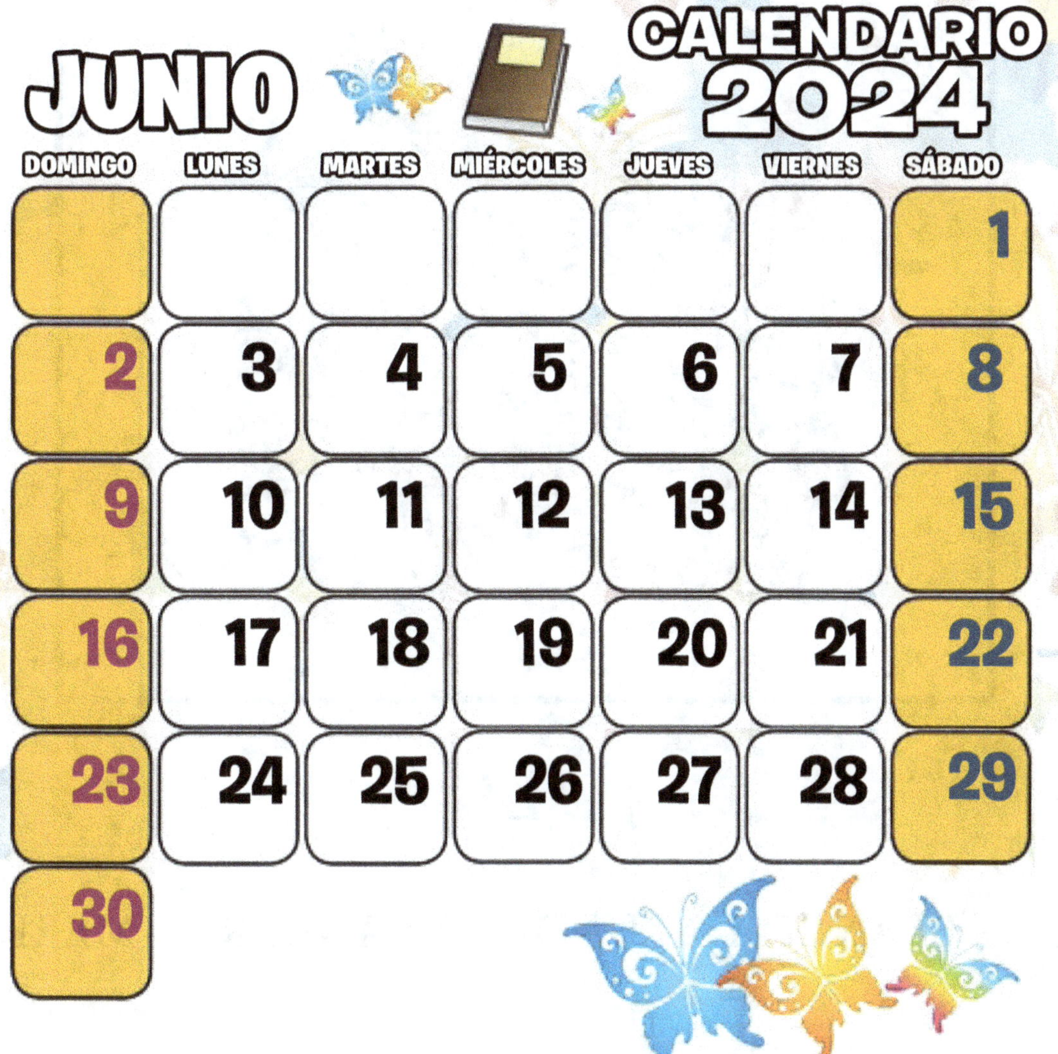

JUNIO
CALENDARIO 2024
DOMINGO LUNES MARTES MIÉRCOLES JUEVES VIERNES SÁBADO
1
2 3 4 5 6 7 8
9 10 11 12 13 14 15
16 17 18 19 20 21 22
23 24 25 26 27 28 29
30

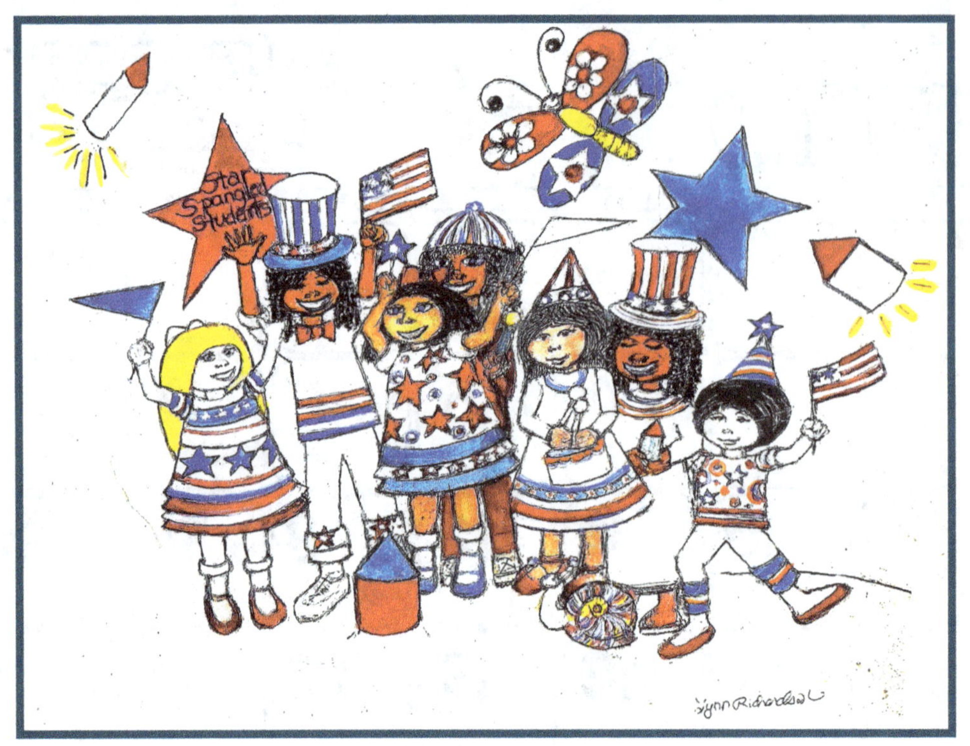

JULIO

EL ROJO, BLANCO Y AZUL DE LA BANDERA AMERICANA

El sitio web de Larry Ferlazzo es un sitio web fantástico que proporciona a los docentes recursos que pueden ayudar a los estudiantes a aprender sobre el cuatro de julio. Este sitio web incluye una lección especial sobre el 4 de julio, un portal web del History Channel sobre el 4 de julio y dos recursos de How Stuff Works que los docentes pueden modificar para hacerlos más accesibles a los estudiantes de inglés como lengua extranjera. El docente accederá al sitio web https://www.timeforkids.com/k1/united-states-symbols/?lang=es para que los estudiantes exploren conceptos de libertad y símbolos que representan el significado de la libertad. Después de aprender lo que significa la libertad, los estudiantes pueden escribir una oración descriptiva sobre lo que significa la libertad para ellos. Se reta a los estudiantes a crear su propia bandera del 4 de julio o su propia bandera de ángel del 4 de julio y a emplear los colores rojo, blanco y azul en la creación de sus diseños.

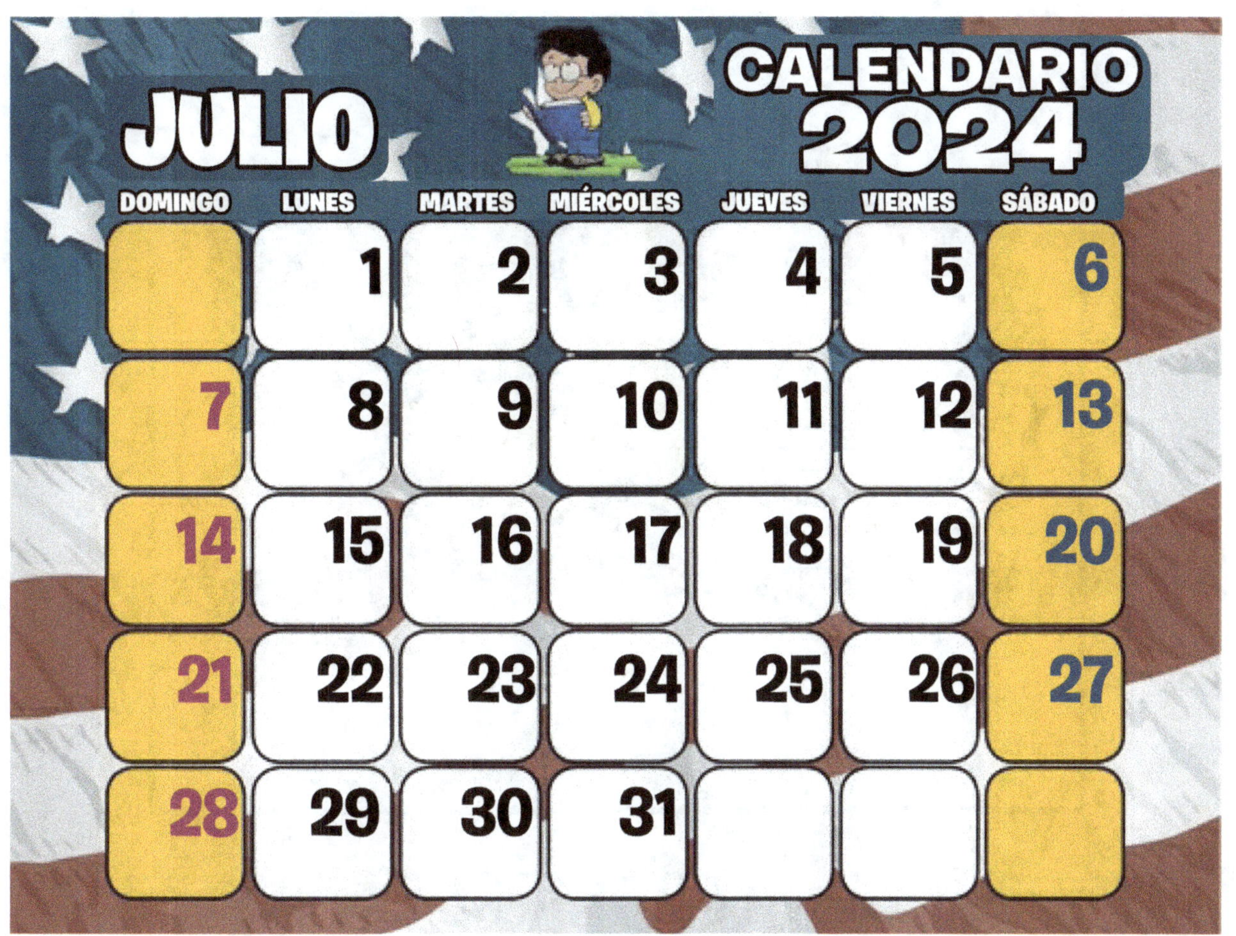
JULIO
CALENDARIO
2024
DOMINGO
LUNES
MARTES
MIÉRCOLES
JUEVES
VIERNES
SÁBADO
1
2
3
4
5
6
7
8
9
10
11
12
13
14
15
16
17
18
19
20
21
22
23
24
25
26
27
28
29
30
31

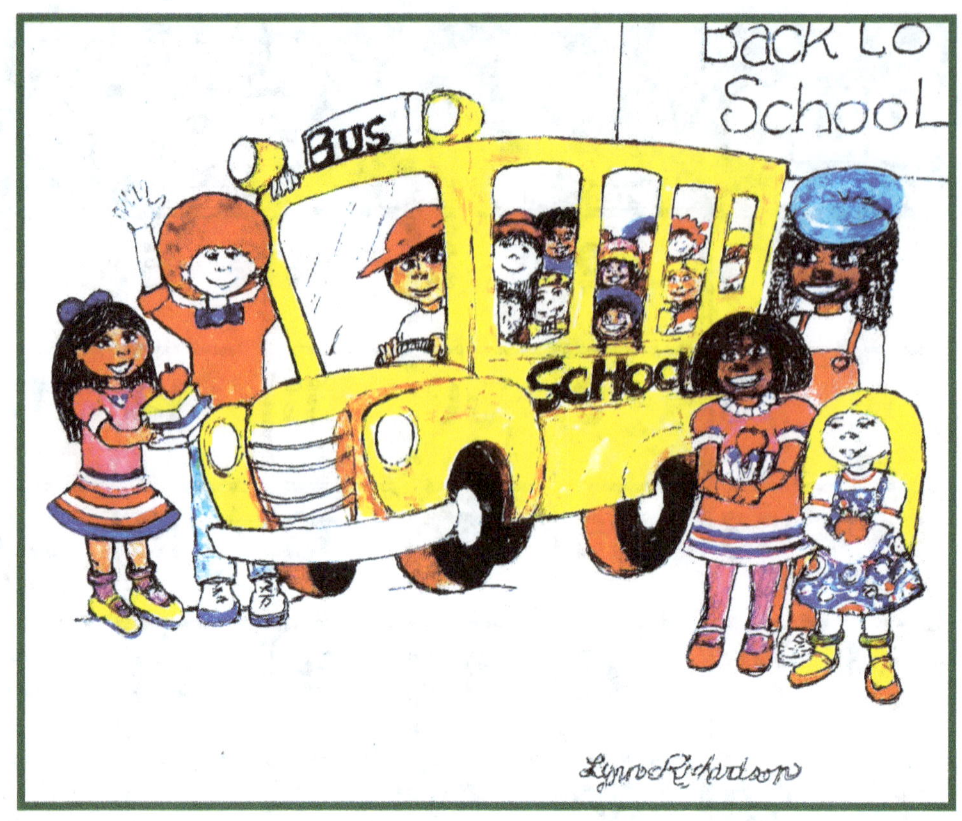

AGOSTO

EL BUS MÁGICO DEL REGRESO A CLASES

https://pbskids.org/games/back-to-school es un sitio web que ofrece un paquete de actividades incluyendo los episodios de la serie de *Magic School Bus*. Cada actividad contiene una breve guía que está diseñada para mantener a los estudiantes entretenidos mientras aprenden y ven a la Sra. Frizzle y a su clase en cada emocionante excursión.

En el primer día de clases, los estudiantes podrán diseñar su propia actividad "El bus mágico del regreso a clases". Usando fotos de los autobuses escolares, los estudiantes pueden dibujar su propio autobús escolar mágico e imaginativo. Deben escribir información importante como su nombre, dirección, nombre de su escuela, director, salón de clases, etc. Los estudiantes pueden inclusive hacer una lista de nuevos amigos y de viejos amigos que se alegran de volver a ver.

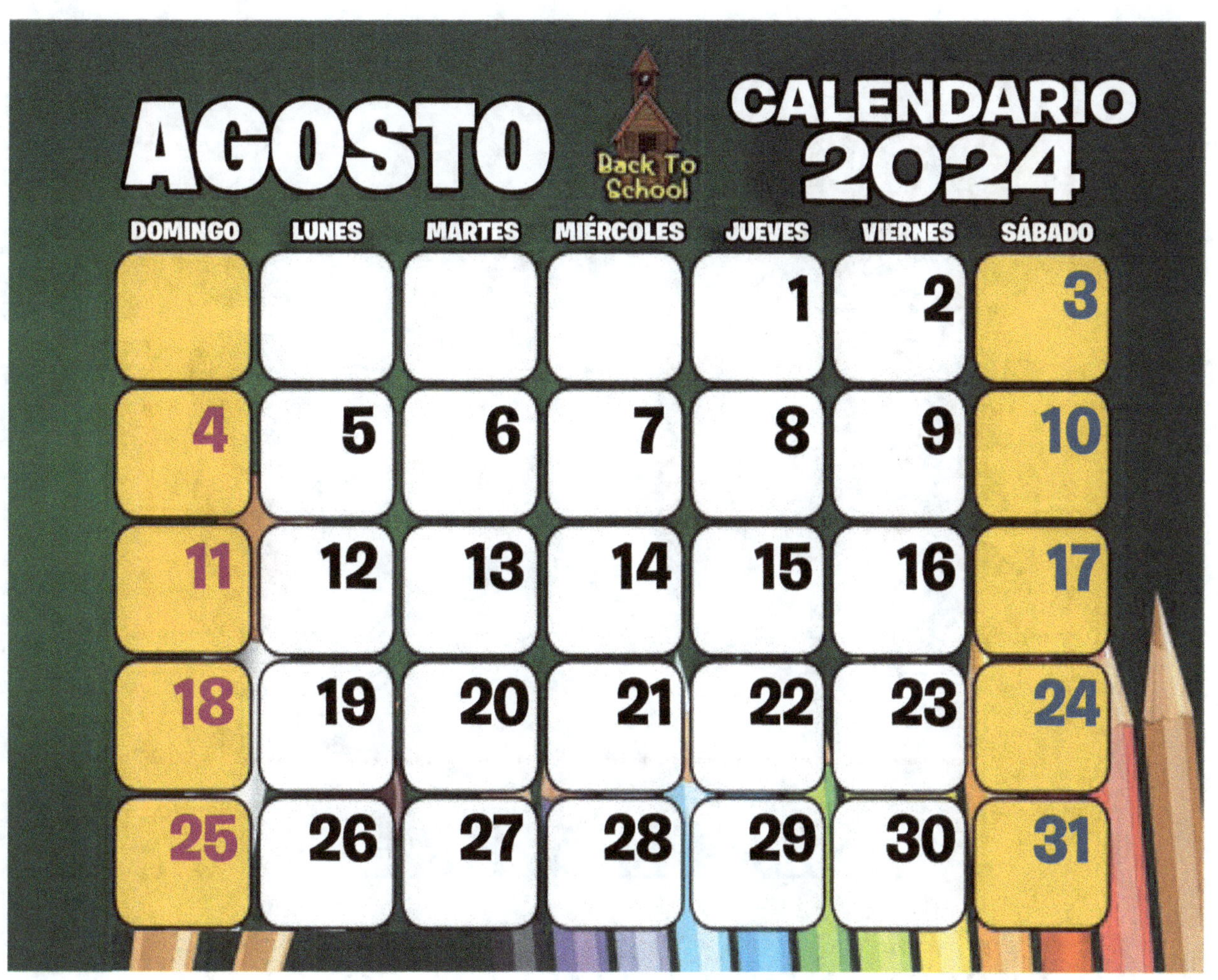

AGOSTO
Back To School
CALENDARIO 2024
DOMINGO LUNES MARTES MIÉRCOLES JUEVES VIERNES SÁBADO
1 2 3
4 5 6 7 8 9 10
11 12 13 14 15 16 17
18 19 20 21 22 23 24
25 26 27 28 29 30 31

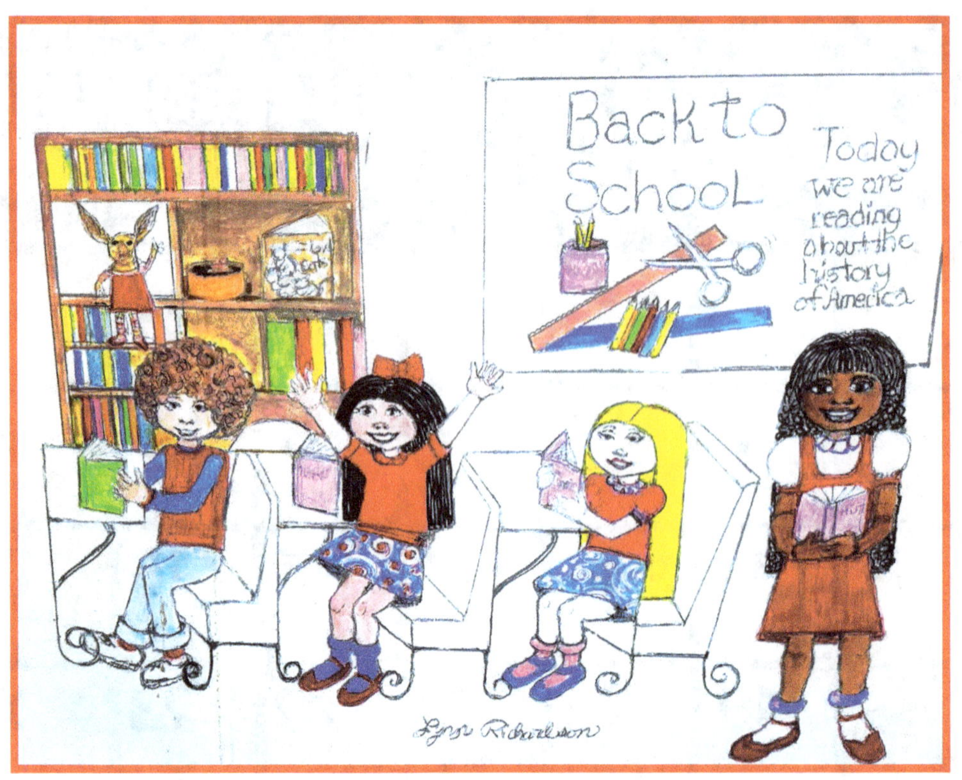

SEPTIEMBRE

EXPLORANDO LA AMÉRICA COLONIAL

https://kids.kera.org/ es un sitio web que ofrece diversos recursos que sirven para ilustrar la América colonial. Los contenidos de este sitio web ofrecen una serie de lecciones multimedia diseñadas para su uso inmediato en el aula. De esta manera, los estudiantes explorarán cómo era la vida en la América colonial. Realizarán una lectura por turnos y en voz alta de libros sobre la vida colonial y se dividirán en grupos de debate de cuatro personas. Cada grupo hará una presentación oral y escrita de lo que más les interesó de la vida colonial. Debajo de su trabajo escrito, podrán hacer un dibujo de sí mismos y de los miembros de su familia en un escenario colonial imaginario. Los dibujos y pinturas de los estudiantes se expondrán bajo los trabajos escritos que hicieron, de una manera surtida y creativa para que se vean coloridos y llamativos.

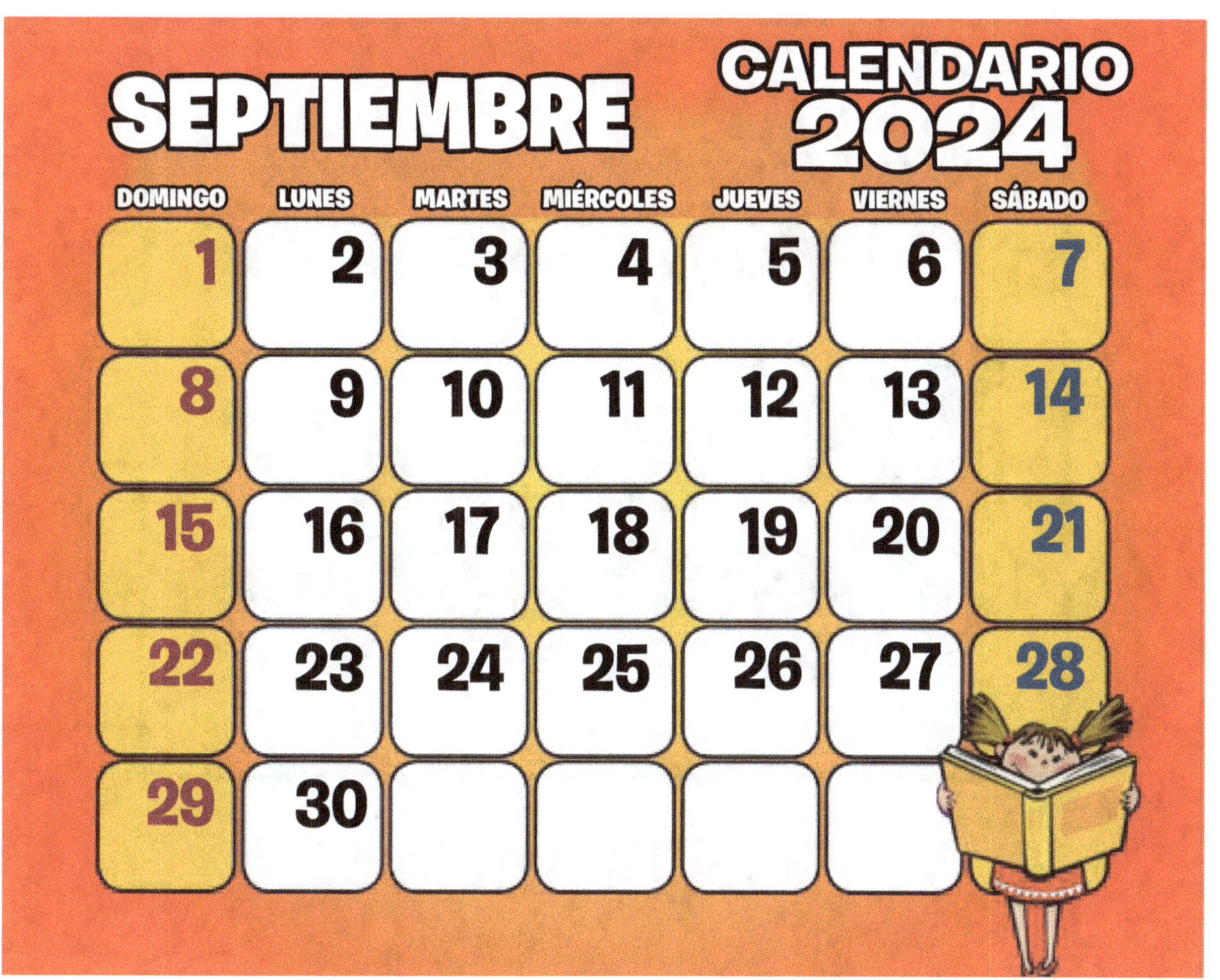

SEPTIEMBRE
CALENDARIO 2024
DOMINGO
LUNES
MARTES
MIÉRCOLES
JUEVES
VIERNES
SÁBADO
1
2
3
4
5
6
7
8
9
10
11
12
13
14
15
16
17
18
19
20
21
22
23
24
25
26
27
28
29
30

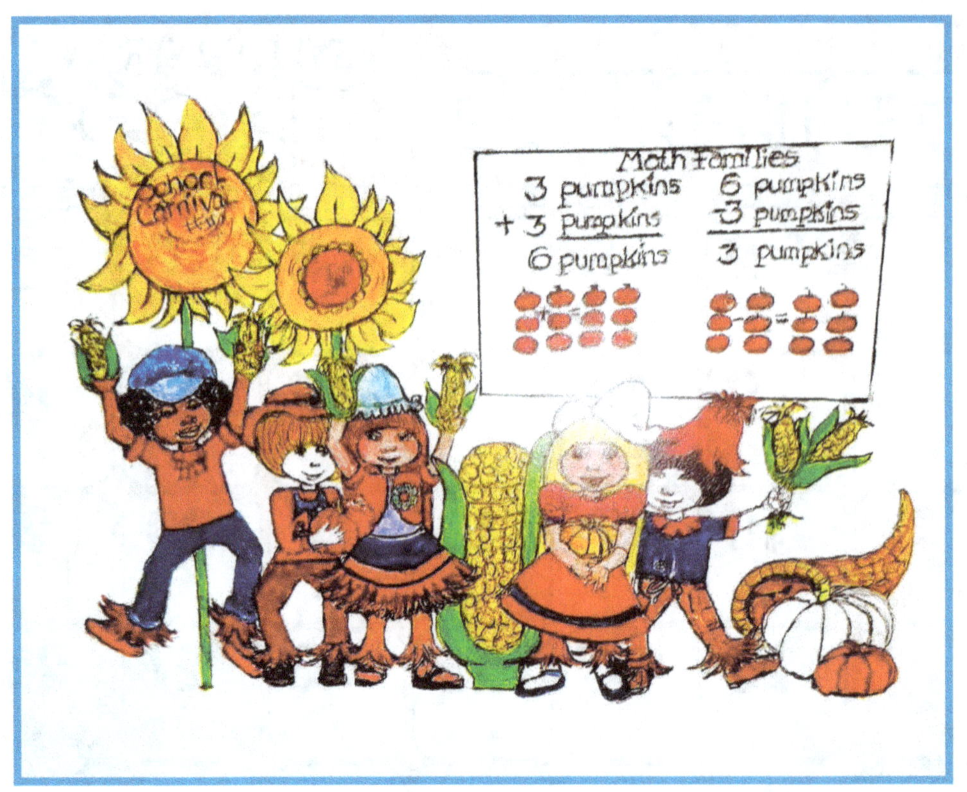

OCTUBRE

CALABAZAS, INDÍGENAS Y MUÑECOS
DE HOJAS DE MAÍZ

Los estudiantes se organizan en grupos de cuatro personas para resolver problemas de suma y resta, utilizando fichas de calabaza de plástico o caramelos de maíz como herramientas prácticas de aprendizaje. Los estudiantes realizan lecturas compartidas en parejas de historias sobre calabazas, indígenas y maíz.

Los docentes pueden acceder a http://www.teachersfirst.com/ para enseñarles a sus estudiantes paso a paso a como hacer muñecos de hojas de maíz al estilo de los indígenas nativos americanos.

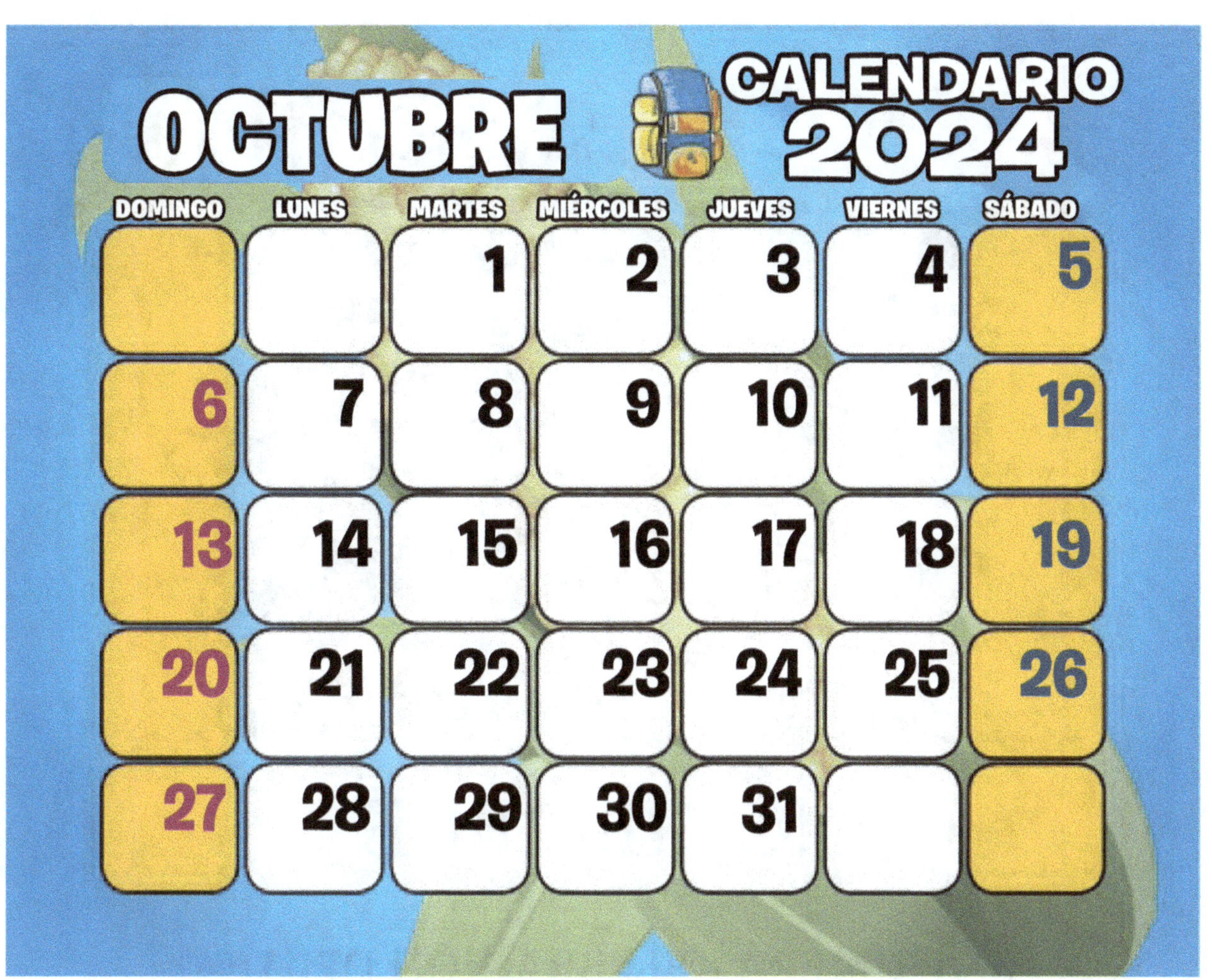

OCTUBRE
CALENDARIO 2024
DOMINGO LUNES MARTES MIÉRCOLES JUEVES VIERNES SÁBADO
1 2 3 4 5
6 7 8 9 10 11 12
13 14 15 16 17 18 19
20 21 22 23 24 25 26
27 28 29 30 31

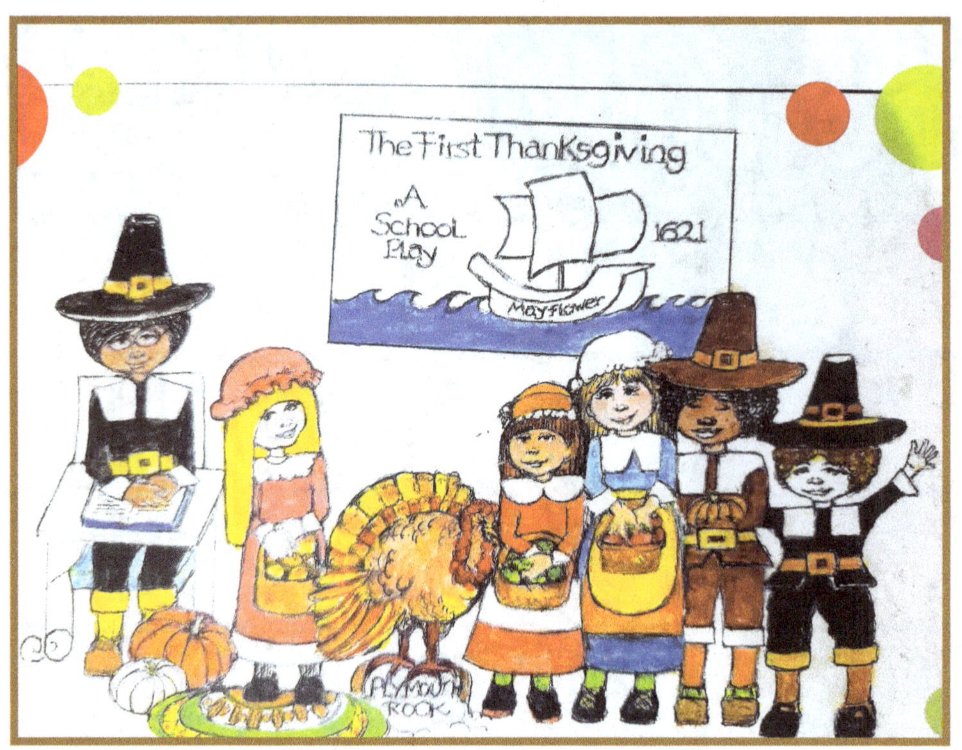

NOVIEMBRE

LA PRIMERA CELEBRACIÓN DEL DÍA DE ACCIÓN DE GRACIAS

Education World es una página en la red donde los estudiantes leerán historias cortas sobre la primera vez que se celebró el Día de Acción de Gracias. Los docentes pueden explorar cómo Squanto y los miembros de las demás tribus nativas americanas ayudaron a los peregrinos a plantar maíz y les enseñaron a sobrevivir en su nueva tierra. Los estudiantes pueden participar en una actividad de respuesta física total (RFT), haciendo una representación propia de la primera celebración del día de acción de gracias. Después, los estudiantes organizan una mesa redonda para debatir y escribir sobre los diferentes puntos de vista que van surgiendo entre las experiencias de los peregrinos y las de los indígenas.

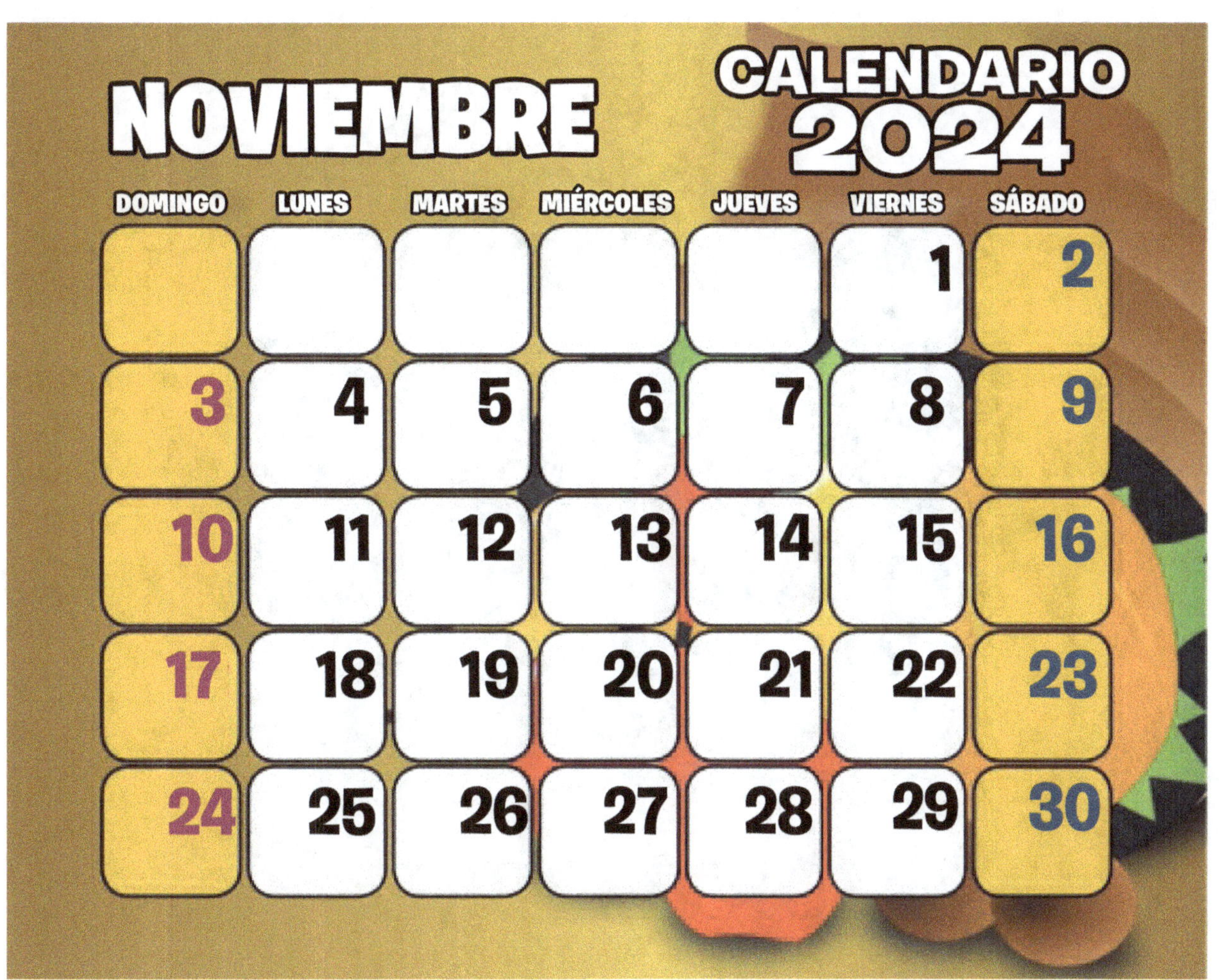

NOVIEMBRE
CALENDARIO 2024
DOMINGO
LUNES
MARTES
MIÉRCOLES
JUEVES
VIERNES
SÁBADO
1
2
3
4
5
6
7
8
9
10
11
12
13
14
15
16
17
18
19
20
21
22
23
24
25
26
27
28
29
30

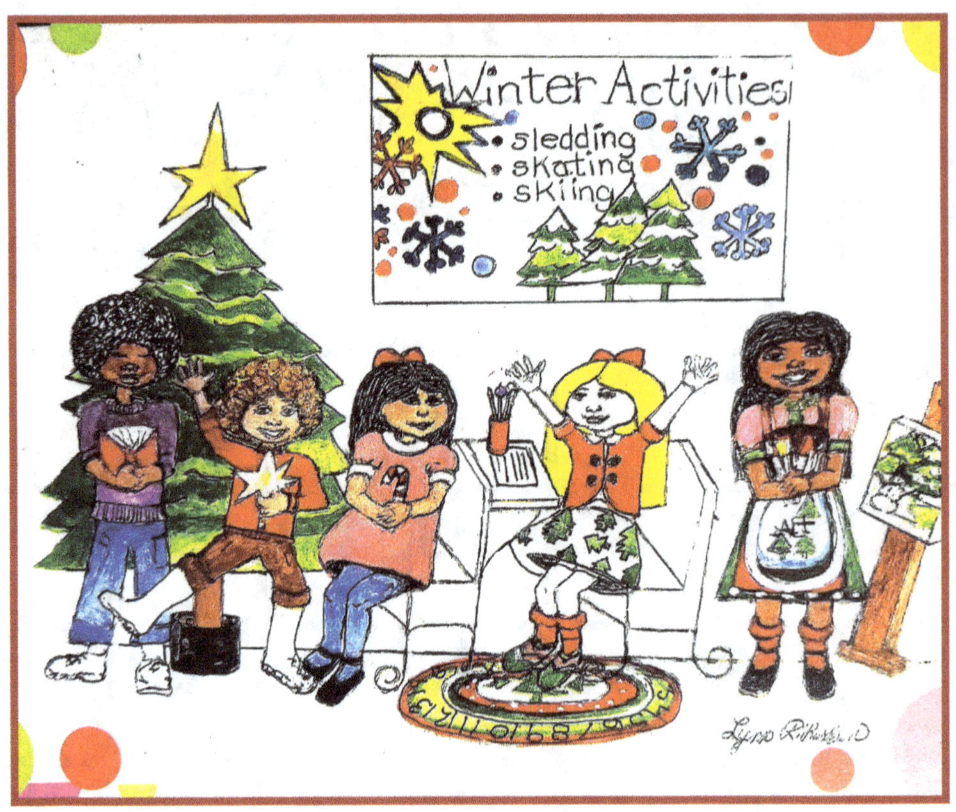

DICIEMBRE

COPOS DE NIEVE DE PAPEL Y DISEÑOS
DE BASTONCILLOS DE ALGODÓN

En el blog "39 Fun ESL Games and Activities For An Exciting English Classroom" hay muchas hojas informativas sobre la estación de invierno y la formación de los copos de nieve. Los estudiantes pueden investigar cómo se forman los copos de nieve y pueden elegir lo que les gustaría diseñar. Como trabajo de arte, los estudiantes pueden doblar papeles de diseño en varios patrones simétricos y asimétricos formando copos de nieve que posteriormente pueden recortar. Los estudiantes pueden pegarlos en cartulinas de varios tonos de azul para exponerlos en el aula como una pequeña muestra de arte para celebrar la estación invernal .

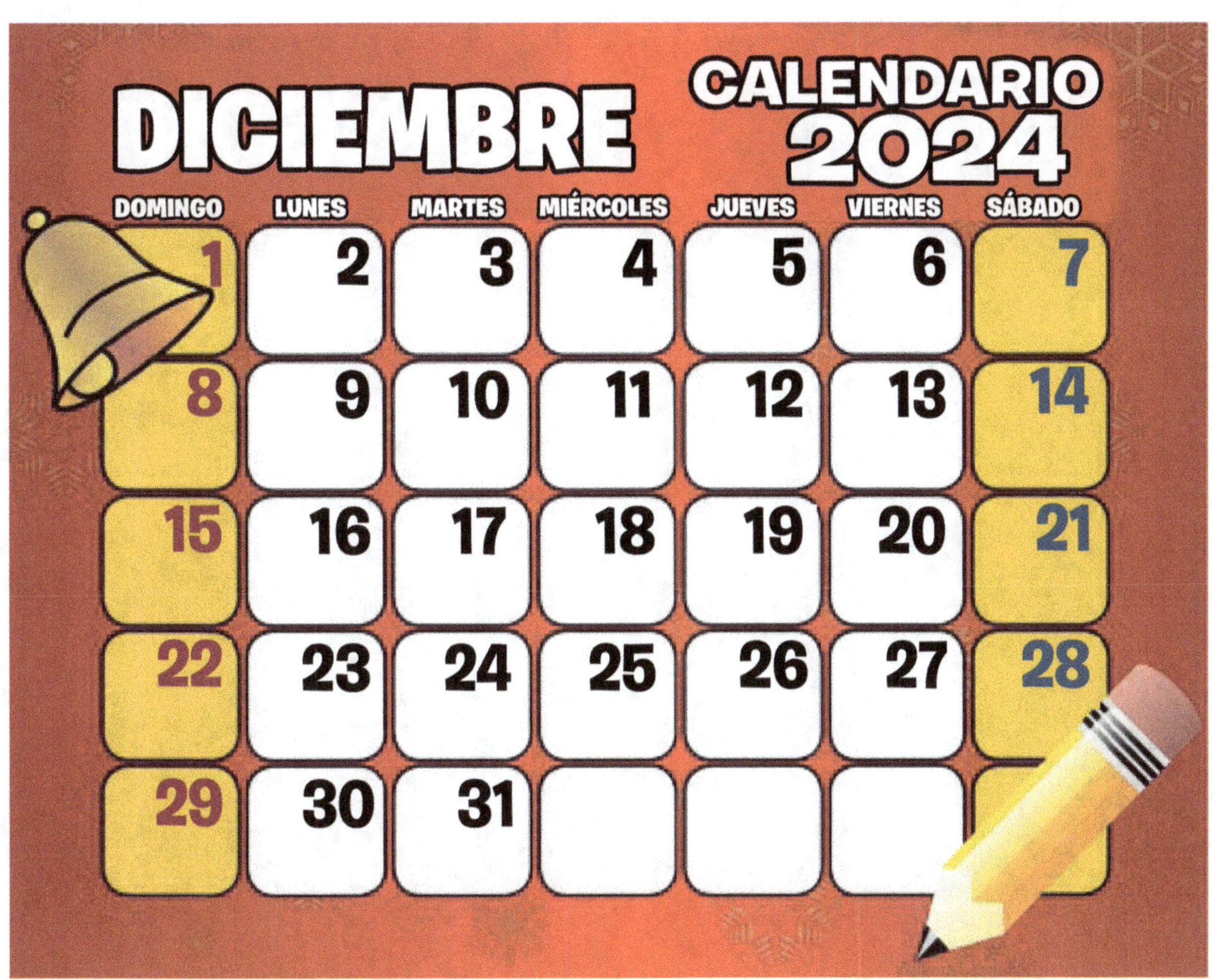

DICIEMBRE
CALENDARIO 2024
DOMINGO LUNES MARTES MIÉRCOLES JUEVES VIERNES SÁBADO
1 2 3 4 5 6 7
8 9 10 11 12 13 14
15 16 17 18 19 20 21
22 23 24 25 26 27 28
29 30 31